AF410994

LES COURTEYS, COURT ET DE COURT.

ÉMAILLEURS LIMOUSINS.

ÉMAILLEURS LIMOUSINS.

PIERRE COURTEYS.

La famille des Courteys est, depuis longtemps connue à Limoges : il y a eu des notaires de ce nom au XIVᵉ, au XVᵉ et au XVIᵉ siècle. Jacques ou James Corteys, 1393, est juge des assises de la salle épiscopale l'an 1400. Martial et Guillaume Corteys ou Courteys habitaient, en 1433, une maison de la rue des Pousses. Le premier paraît avoir transmis son prénom à l'orfèvre émailleur qui exerçait son industrie au XVIᵉ siècle. Un Pierre Courteys possédait, en 1494, une maison rue Manigne, près la rue de l'*Arbre-Ferrat* (1). La famille Courteys paraît s'être adonnée, dans le principe, à la peinture sur verre. Robert, un de ses membres, en faisant son tour de France, selon la coutume encore en usage parmi les ouvriers limousins, aurait travaillé aux vitraux de l'église de La Ferté-Bernard, comme nous l'apprend un contrat de 1498 cité par M. Léopold Charles, page 86 du *Bulletin du Comité de la langue, de l'histoire et des arts de la France* (janvier 1853). Son œuvre est malheureusement perdue. C'était l'arbre de Jessé, qu'il s'était engagé à peindre dans la verrière d'une fenêtre haute de 11 à 12 mètres et large de 6 à 7. Suivant le curieux devis conservé au trésor de la fabrique de l'église, il devait peindre *Jessé en grand triomphe et Aaron :* du corps de Jessé devait se produire un arbre sur les branches et rameaux duquel seraient *pourtraicts* en beaux fleurons douze rois et, à sa *sommette,* Notre-Dame avec son enfant.

(1) Un Anthoine Courteys suivait, en 1511, la bannière du quartier Lansecot, comme Léonard Pénicaud, celle du Clocher. T. VII, page 121, du *Bulletin Archéologique.*

Les émaux des Courteys sont fort rares en Limousin : ils ont été enlevés pour les musées impériaux et les collections des riches amateurs. Cette famille s'est perpétuée jusqu'à nos jours, et une *Courteys* s'est alliée récemment à un Poncet descendant de l'émailleur de ce nom. Les registres des rôles des tailles et les signatures d'actes authentiques ne permettent plus de douter que le véritable nom ne soit *Courteys*, mot patois qu'on a voulu franciser en le changeant en celui de *Courtois*. Les membres de cette famille signent aujourd'hui *Courteix* au lieu de *Courteys*.

Le plus ancien émailleur de ce nom me paraît être Pierre, qui portait, en 1529, le surnom de *Petit*, soit à cause de sa taille, soit à cause de sa jeunesse. Il fut honoré de la confiance des deux rois François Iᵉʳ et Henri II, et chargé par eux de peindre des émaux pour la décoration du château de Madrid, commencé par le premier de ces monarques et achevé par le second au bois de Boulogne près Paris. Sa maison, d'après un acte de 1568, était située rue Manigne, à Limoges. Le rôle des tailles de 1602, nᵒ 225, porte la cote d'un écu trois sous au nom d'un Pierre Courteys; il fut exempté de la taxe, et rayé du rôle, par une sentence de l'élection du 16 mars 1602, inscrite en marge du rôle; il avait possédé une vigne au clos de Ville-Herein, que, en 1631, on appelait encore la vigne de feu Pierre Courteys.

Ses premiers émaux sont datés de 1545 et de 1548; son nom y est souvent défiguré; on y lit : *P. Corteys, Cortoyos, Courtoys, Courteu. P. Corteys,* et enfin *Courteys,* et P. C. ses initiales; leur *revers* est d'un rouge pâle et marbré.

Pendant mon séjour à Paris, en 1855, il s'y vendit, parmi les émaux de la succession du feu W. Hope, au prix de 365 fr., deux plaques inscrites au catalogue sous le numéro 596. Ces plaques, de forme ovale, représentent Jupiter tenant la foudre, Vénus et l'Amour peints en couleurs rehaussées d'or sur fond bleu : les cadres sont en bois doré; on y lit les initiales P. C.

La riche collection de M. Taillefer, négociant à Limoges, renfermait un émail de ce maître où il a peint en grisaille et chairs coloriées une allégorie : deux bergers et leurs chiens donnent la chasse aux péchés capitaux, figurés par des animaux. L'Avarice est un loup; l'Orgueil, un lion; la Luxure, un renard; on y voit les lettres P. et C. Son propriétaire croit avoir lu, dans un coin endommagé, les lettres I. et C., et assure avoir rencontré des émaux signés de ces deux monogrammes : il en conclut que, les deux artistes Pierre et Jehan Courteys se réunissaient pour travailler ensemble à la même œuvre.

M. Arbonneau d'Abjat envoya, sur ma demande, à notre exposition du centre cinq émaux de sa collection, dont deux sont des portraits de personnages inconnus : ils ont la forme de losange. Les angles en sont ornés de fleurs de lis d'or, tête d'homme barbu, cuirasse dorée, manteau blanc, carnation teintée, grisaille ; et buste de femme, voile retenant ses cheveux derrière la tête, robe blanche brodée d'or.

M. Gabriel Reculés exposa aussi une grisaille d'émail octogone : tête d'empereur romain, couronnée de laurier vert, où l'on reconnaît les traits de Néron, malgré la légende *imp. Vespasian*. Nous avons été d'accord, M. l'abbé Texier et moi, pour attribuer à Pierre Courteys ces trois émaux un peu endommagés.

Je ne fis qu'entrevoir, lors d'une visite à M. Préaux, rue Montmartre, à Paris, une salière ronde de ce maître émailleur, dont je n'ai retenu que la devise *Spera lucem : pour aymer en vertu*.

M. Jules Labarte, qui croit, comme moi, Pierre Courteys l'aîné de la famille, le signale comme un des meilleurs dessinateurs de notre école de Limoges sur les émaux de moyenne dimension. La collection de M. Brunet-Denon possédait une grisaille, n° 460 de son catalogue, suivant lui assez médiocre, portant, avec les initiales P. C., la date 1550, et qui annonçait tout à fait les débuts de l'artiste. Le même écrivain donne un description des œuvres de Pierre Courteys de la collection de M. Debruges du Mesnil.

Le n° 734 est une plaque ovale peinte en émaux de couleurs rehaussées d'or et de paillon : elle représente un *Concert dans la campagne*. Deux femmes assises et deux enfants font de la musique ; une autre femme place des fleurs dans un vase : M. J. Labarte cite une gravure d'après un dessin d'Étienne Delaulne, n° 634 de l'album de sa collection, qui aurait inspiré, en partie, cette composition de Pierre Courteys, et que notre émailleur aurait copiée avec quelques variantes. A l'arrière-plan, un château au-devant duquel trois hommes attachent à un arbre un écusson aux armes de France ; dans le ciel, le signe des *Gémeaux* sur un fond d'or (mois de mai). Les lettres P. C. sont inscrites sur les murs du château ; le revers est rouge pâle et marbré.

Le n° 732 fait pendant au n° 731 : la *Natation*. Au premier plan, rivière où s'exercent cinq nageurs ; trois hommes se déshabillent sur les bords ; à droite, un homme nu se jette à l'eau ; du même côté, un village ; à gauche, moissonneurs, et, au-delà, une ville ; au bas de la plaque, P. C.

733. — Plaque en forme de demi-lune, couleurs, or et paillon. Berger ; femme assise cachant sa tête dans ses mains ; campagne ; ville dans le fond. — Revers rouge marbré.

734. — Trois plaques oblongues, provenant d'un coffret. La *Création : le Péché d'Adam et d'Ève ;* leur *Expulsion du paradis ter-restre*, peintures sur fond blanc d'un procédé différent des autres, ainsi que les nᵒˢ 735 et 736, qui se font pendant. *Oreste* et *Jason*, tous deux coiffés d'un casque, et en buste, le premier portant un bouclier ; revers marbrés de brun-rouge. Notre musée possède ces trois premières plaques ou des plaques parfaitement semblables.

M. J. Labarte cite encore un coffret signé P. C. appartenant à M. Sauvageot. Il est peint sur fond blanc à l'imitation d'émaux de ce genre de Léonard Limosin : les teintes en sont pâles, et ont l'apparence des faïences et majolica. Les tons de la peinture de Pierre Courteys lui paraissent beaucoup plus chauds.

M. Didier Petit, de Lyon, au nᵒ 95 de son catalogue, décrit un coffret à couvercle cylindrique, monté en vermeil, dont les émaux sont en couleurs avec paillon : ce coffret est d'une belle exécution ; il est signé en toutes lettres P. COURTEYS. Ses diffé-rentes parties représentent le *Festin de Balthazar : Moïse frappant le rocher : Melchisédech offrant des présents à Abraham : Gédéon com-battant les Madianites : les* petits côtés, le *Sacrifice d'Abraham ; le Prophète Élie : la Chasteté de Joseph ; le Songe de Pharaon.*

Au nᵒ 88 est mentionné un portrait en couleurs, portant au bas deux écussons de forme italienne, d'azur à la fasce d'or, à deux losanges de même : l'un en chef, et l'autre en pointe. Il est daté de 1557, et signé au revers : P. CORTEYS, avec le chiffre de Marc-Antoine, le graveur.

M. D. Petit, dans sa liste des signatures et initiales des émailleurs de Limoges, donne les dates qu'il a lues sur les œuvres de P. Courteys : 1557, 1559 et 1568, sur de grands émaux, chez M. Delaunay, à Paris.

Dans son beau livre, imprimé en 1847, M. J. Labarte signale comme œuvres capitales de P. Courteys un bassin avec des figures d'un grand style, conservé à la Kunstkammer de Berlin, et les émaux géants du château de Madrid : j'ai lu dans le *Journal des Débats* du 20 janvier 1845 :

« Les émaux de Madrid sont de Pierre Courteys : ils portent l'inscription : « *Fet à Limoges, 1559* ». Il y en a neuf pièces de dimension colossale, représentant les *Vertus* et les principaux dieux de l'antiquité. Elles sont signées de Pierre Courteys. Ces émaux formaient la principale décoration du château de Madrid, bâti par François Ier au bois de Boulogne, façade tellement riche par ses dehors de terre émaillée, au dire d'Andronet du Cerceau, qu'elle ressemblait à un immense vaisselier. Lors de la démolition du château, trois passèrent en Angleterre; les neuf autres ont été déposées au musée des Thermes et de l'hôtel de Cluny par les soins du ministre de l'intérieur. »

J'ai visité plusieurs fois les salles de ce musée, et, grâce à l'obligeant accueil de M. du Sommerard, j'ai pu examiner à l'aise ces émaux de la taille d'un homme : aux n°s 1000, 1001 et 1002 : la Justice (*Justitia*), la Prudence (*Prudentia*) et la Charité (*Charitas*); l'inscription *fet à Limoges* et la date 1559, comme sur les six plaques suivantes.

Du n° 1003 à 1008, *Saturnus, Jupiter, Sol* (le Soleil), *Mars, Hercules* et *Mercurius;* sur l'émail de Saturne on lit la signature fautive *Cortoyos:* sur les autres et les représentations des *Vertus : P. Cortoys, Courtoys* et *Courteys.*

M. le comte L. de La Borde, qui a observé de très-près ces émaux, donne des éloges à l'adresse avec laquelle P. Courteys a dissimulé, *sous des bracelets, sous des ceintures et autres parties des vêtements,* les *raccords* ou soudures des quatre plaques de cuivre repoussé en bosse qui forment chacune de ces hardies compositions.

Ces mêmes émaux avaient été vus, en 1802, par M. Alexandre Lenoir, chez M. Cavé, ciseleur, à Paris.

Malgré sa prédilection pour les pièces de grandes dimensions, Pierre Courteys en a peint quelques-unes de très-petites, telles que le miroir ovale de M. Germeau, notre ancien préfet, haut de 105 millimètres et large de 85, au dos duquel on voit Pallas debout, le casque en tête, et entourée de rinceaux et de fleurs. M. Ch. de Théis, fils d'un autre préfet de la Haute-Vienne, possède de cet artiste une plaque ovale en cuivre repoussé et émaillé, signée de lui, où est représenté le groupe de Laocoon.

C'est au Louvre qu'il faut aller admirer des chefs-d'œuvre de ce maître copiés sur ceux des plus grands peintres de l'Italie avec une fidélité telle *qu'il envahit son modèle, et se personnifie en lui,* suivant l'expression de M. de La Borde. Nous recommandons à tous nos compatriotes qui visiteront ce magnifique musée les numéros de son catalogue :

375. — Le *Sacrifice d'Abraham,* en couleurs rehaussées d'or. Les initiales P. C. sont inscrites sur un caillou, et on lit sur le revers incolore : *P. Courteys Me Fecit.*

376. — L'*Enlèvement d'Hélène,* d'après Le Primatice : plaque ronde, couleurs, détails dorés, signée P. C. — Hélène ; soldat et rameurs sur le rivage de la mer ; au milieu de coquillages, les initiales P. C.

377. — Plaque semblable aux deux précédentes : la *Dernière Nuit de Troie,* d'après Rosso. Dans le fond, Priam couronné, et tenant un sceptre ; femmes échevelées ; statue de Pallas dans un temple à colonnes : monuments enflammés. Au premier plan, Énée emportant son père Anchise, et suivi de son fils Ascagne, trois guerriers, et, sur une pierre où Achille a posé le pied, P. C. en lettres d'or.

378. — Le *Mois d'Octobre,* d'après Ét. de Laulne : plaque ovale, couleurs, or et paillon. Des hommes labourent, hersent et sèment du grain que dévorent des oiseaux ; village avec son église ; moutons paissants ; le signe du Scorpion sur un fond d'or au milieu des nuages ; P. C. inscrit près du sac du semeur.

379. — Le *Repas de noces de Psyché,* d'après Raphaël : plat ovale, grisaille sur fond noir, chairs coloriées et détails dorés. Jupiter et Junon, Pluton et Proserpine, Hercule et Vénus, assis à table avec l'Amour et Psyché ; *Heures* portant des fleurs. Sur le rebord sont peints, dans des médaillons, des figures dorées d'hommes armés de lances ; sur l'un de ces médaillons, le nom de *P. Courteys :* sur un autre, la date 1560 en lettres ou en chiffres dorés. Au revers, *fleuve* couché, s'appuyant sur son urne, et tenant un aviron ; têtes de lion, mascarons, guirlande de fruits, ligne de perles et rang d'oves terminant l'ornementation. Cette histoire de Psyché a inspiré aussi à P. Courteys une suite d'assiettes de la collection Andrew Fountaine, en grisaille teintée, signées P. C. et datées de 1560.

380. — *Apollon et les Muses :* plat dans le même genre de peinture : le dieu au sommet du Parnasse ; les muses en deux groupes, jouant d'instruments divers : l'une d'elles chante : Pégase, l'Hypocrène, le Permesse et la fontaine Castalie ; olivier,

génies, poètes, etc.; le tout entouré d'une vignette dorée. Le rebord est décoré de masques, de têtes de satyres et d'animaux ; le revers, de corbeilles de fruits, de satyres tenant des palmes. Au centre sont peints des instruments de musique sur fond pointillé d'or ; on lit, en lettres noires, dans l'encadrement qui les entoure : *Par Pierre Courteys, à Limoges.* La frise est en grisaille.

381. — *Neptune et Cybèle :* bassin rond en émaux de couleur, filets d'or, fond bleu : figures d'après Raphaël.

Neptune, personnifiant l'eau, traîné dans un char ou coquille par des chevaux marins, précédé d'un triton sonnant de la conque. — *Cybèle* ou *la Terre,* couronnée de tours et de fleurs ; son sein, chargé de deux rangs de mamelles, allaite un enfant et une chèvre blanche ; un loup soulève la draperie légère dont elle est à demi vêtue ; sur ses genoux, une petite nacelle. Lion, cerf et ours à peu de distance. De grandes figures de fleuves séparent les deux groupes ou les deux éléments : cygnes dans les roseaux près d'un fleuve. Sur le support est peinte une femme demi-nue, assise, écrivant dans un livre ; homme vêtu comme un moine, lion, chèvre, frises ornées de fleurons et d'arabesques. Têtes de satyres sur le rebord et le revers : les bras de ces êtres grotesques forment des anses. Corbeilles de fleurs, syrènes, triton, singe et chat dans des médaillons. Au fond de l'intérieur du bassin, on lit en lettres d'or : 1568, *Faic à Limoges par Pierre Courteys.*

La belle collection Carlisle, au castel Hovard, Yorckshire, renferme un bassin de même dimension, dont les sujets sont des allégories des quatre saisons ; on y lit de même : *Fet à Limoges par P. C.*

382. — *Les Enfants de Niobé percés de flèches par Apollon et Diane,* d'après Jules Romain : plat rond, couleurs, or et paillon. Les deux divinités occupent le haut de la composition. Apollon, armé d'un arc, lance ses traits contre les fils de Niobé ; Diane menace d'un javelot leurs sœurs ; cinq des jeunes gens sont étendus morts ; le sixième va périr sous les coups d'Apollon ; deux vieillards, couchés sur la terre, manifestent leur terreur. Au premier plan, prairie et grands arbres ; vers la gauche, plus en avant, un vase renversé et trois flèches d'or ; dans le fond, rivière et monuments d'une ville.

Diane, distinguée par le croissant qui orne sa tête, et Apollon sont portés par des nuages sur un fond d'or. Une vignette dorée encadre l'ensemble de ce sujet. Le fond noir du rebord est enrichi de draperies soutenues par des paons, oiseaux et papillons ; des corbeilles de fruits, des vases, des pavillons, des têtes d'enfants, des masques et des arabesques. Dans le milieu du revers, rosace dorée, anges ou génies ailés, vêtus de bleu ou de vert, posent leurs pieds sur des corbeilles de fruits, tenant d'une main une aiguière, et soulevant de l'autre les draperies de pavillons. Deux nymphes ou naïades sont assises dans chaque pavillon, s'appuyant sur leurs urnes et des palmes d'or en mains ; deux fleuves, aux mêmes attributs. Au-dessous de deux pavillons verts, cygnes et autres oiseaux aquatiques nageant parmi des roseaux sur les eaux sorties des urnes des fleuves ; têtes de femme alternant avec des figures d'ange, rattachées par des ornements aux groupes de nymphes et de fleuves. Une guirlande de feuillage à filet d'or complète le décor de cette élégante composition. On lit, en lettres d'or, sur le pavillon bleu qui couronne le groupe des nymphes : COURTOIS.

383. — *Le Mois de Février*, d'après Étienne de Laulne. — Assiette en grisaille, fond noir, chairs coloriées, filets d'or. Homme, femme et deux enfants, assis, se chauffant au feu d'une cheminée : un bûcheron apporte du bois ; hache et fagot près de lui ; monuments dans le fond. Sur le rebord, cartouche relié à des urnes enflammées, des paquets de poissons et de coquillages et des draperies. On lit dans l'écusson placé entre une syrène et une salamandre : FEBRUARIUS ; au centre du revers, *le Signe des Poissons*. Têtes de chérubin et d'animal fantastique ; frise ou collier de perles rougeâtres.

383. — *Le Mois de Juillet :* assiette semblable pour la peinture. Homme fauchant ; femme étendant l'herbe au râteau ; autre homme buvant. Le rebord est orné de deux écussons rattachés par des guirlandes où sont suspendus des groupes de fruits et de fleurs, ainsi que des instruments d'agriculture : dans un de ces écussons sont inscrites les lettres P. et C. ; dans l'autre on lit le mot *Julius* en lettres d'or. Au centre du revers, encadrement en grisaille et légère frise dorée.

385. — *Le Triomphe de Diane et de Junon :* vase ou urne destiné à accompagner le bassin nᵒ 381. Le couvercle est surmonté d'une figurine de Mercure en bronze doré. Diane sur un char traîné par deux nymphes : elle tient le disque de la lune dans sa main gauche ; le char est précédé par des génies ailés sonnant de la trompette, et suivi par des nymphes dont l'une conduit

deux dauphins en laisse; une autre porte un croissant; une troisième sonne du cor. Le haut de cette composition représente les phases de la lune dans quatre petits médaillons ovales peints en camayeu, séparés par les figures des *Heures de la nuit*. Des masques, des draperies et des guirlandes décorent le bord supérieur. Au-dessous alternent des ornements en écailles et des godrons figurés; des cartouches symboliques décorent le pied, et sont supportés par des aigles tenant la foudre dans leurs becs et des dragons vomissant des flammes. Un rang de perles entoure le pied. — Sur le fût de la base, Junon est assise dans un char traîné par des paons et entouré de ces mêmes oiseaux; un génie sur des nuages replie le manteau de la *Nuit*. Une moulure est découpée à jour au-dessous du Mercure du couvercle.

386. — *Triomphes de Neptune et de Cérès*, ou *l'Été*, d'après les gravures de Ducerceau et de Virgilius Solis : aiguière en couleurs, paillon et filets d'or. Dans le premier sujet, Neptune et Diane sont portés sur les eaux par des chevaux marins, précédés par deux tritons : l'un élève dans les airs un vase rempli de flammes; le second porte des lauriers; deux autres soufflent dans une conque. Monstres marins. Au second sujet, plus bas que le premier, Cérès, couronnée d'épis, une faucille à la main, dans un char traîné par des cigognes blanches; Apollon, jouant de la lyre, assiste à ce triomphe; près de lui Pluton, casqué, tenant une fourche à trois dents; Mars, coiffé de même et sans armes, des épis à la main : Vertumne, couronné de feuillage, portant une corbeille de fruits. Derrière le char de Cérès, deux femmes avec les attributs des travaux agricoles, un fléau, un râteau, des épis. Le goulot et le pied sont décorés de feuillage, et l'anse, d'une légère frise d'or sur émail bleu.

387 et 388. — *Les Épreuves de Job, l'Innocence de Susanne reconnue* et *le bon Samaritain :* coupe avec couvercle, en grisaille sur fond noir, chairs coloriées, détails dorés.

Job est représenté, dans l'intérieur de la coupe, nu et couché sur le fumier, tourmenté par Satan. Au loin, à gauche, ses enfants écrasés sous les ruines d'un bâtiment; à droite, sa maison en flammes : un valet en sort épouvanté; au fond, autre serviteur et bestiaux tués par une grêle de pierres : dans le haut, Dieu, couronné de la tiare, sur des nuages au milieu d'un fond d'or. Au-dessus de Job, on lit, inscrit en lettres noires, le mot *Paciunse*, et, sous ses pieds, la signature P. C. Une vignette dorée encadre ce sujet. Revers, arabesques d'or et cartouche en grisaille.

Couvercle : le Samaritain penché sur un homme blessé et couvert de sang, gisant sur la terre, verse sur ses plaies le contenu d'une bouteille; plus loin, un lévite et un sacrificateur; à gauche, entre les arbres, deux hommes armés. Le P et le C sont inscrits sous les pieds du prêtre, et les mots *S. Luc*, au-dessus du Samaritain.

Au côté opposé, Daniel, sur une estrade, un sceptre à la main, désigne Susanne, dont il a proclamé l'innocence. Susanne, debout, la tête voilée, a les mains attachées par des liens que retient un homme armé d'une lance; un des vieillards est devant Daniel entre deux guerriers; l'autre est entraîné par deux soldats; foule de spectateurs. Une guirlande de fleurs, fruits et feuillage couronne ces deux compositions. L'intérieur du couvercle est orné d'arabesques d'or et de médaillons ovales, où sont peintes des têtes coloriées; une banderole d'émail blanc porte les noms de ces personnages : *Semiramis Babylonia; Porcia; Bruti uxor; Domitian Germ., Cos. XI, imp. Cœs.; Claudia Metella.*

389 et 390. — *Jupiter, Vénus* et *Mercure*, d'après Raphaël. Coupe et couvercle, grisaille sur fond noir et détails dorés. Jupiter, un sceptre à la main, est assis sur des nuages entre Vénus et Mercure; l'Amour près de sa mère; au bas de ce sujet, aigle au milieu d'un cercle qui réunit les douze signes du zodiaque; aux pieds de Mercure, P. C. L'intérieur de cette coupe est décoré d'une couronne de feuilles et de fruits, d'arabesques dorées et d'un cartouche en grisaille, enrichi, au centre, d'ornements dorés. — Couvercle : quatre médaillons, de forme oblongue sur fond bleu, où sont peintes quatre têtes de profil : deux de femme et deux d'homme. Masques alternant avec des têtes d'animaux. Entre des fruits et des feuillages, deux cartels ornés de petites figures, et portant chacun la signature P. C. A l'intérieur, quatre têtes de profil avec des arabesques. Le revers ou contre-émail est noir.

391. — *Le Repos de Silène :* coupe en grisaille, carnations coloriées: Silène, à demi couché, le coude appuyé sur une cuve remplie de raisins, est couronné de pampres, et ceint d'une branche de vigne; il tient une coupe, dans laquelle un satyre verse le vin d'une aiguière; corbeille de raisins soutenue par deux enfants nus; autre corbeille portée par une femme. A l'arrière-plan, hommes chargés de grands vases; le tout encadré par une couronne de fruits, de fleurs et de feuillage. Le revers est décoré d'un cartouche, et orné, ainsi que le pied, de feuilles vertes; sur un fond noir on lit la signature P. C.

A l'exposition centrale de Limoges, la quinzième vitrine renfermait deux émaux : un *Salvator mundi* et une *Sancta Maria*, de Pierre Courteys. Enfin, ce qui confirmerait le dire de M. Taillefer cité plus haut, c'est que la collection Andrew Fountaine conserve la série des douze mois sur autant d'assiettes, signées des initiales P. C. et I. C. ; ce qui prouverait la collaboration de Jehan Courteys, et annoncerait leur proche parenté.

L'importance de ces brillantes compositions et le nom des maîtres célèbres auteurs des œuvres dont Pierre Courteys s'est inspiré nous feront pardonner la longueur de ces développements. Ajoutons qu'il peignit, comme Léonard Limosin, des grisailles bleues et des émaux en couleurs sur fond blanc. Citons encore de lui deux plats en grisaille : *Apollon sur le Parnasse,* signé **P. Courteys MF,** et l'*Entrée dans l'arche de Noé* d'après Raphaël, signée de même, de la collection Visconti.

N° 166 du catalogue de la collection de Mme de La Sayette, de Poitiers : coffre à couvercle cintré; peintures en couleurs rehaussées d'or. *Combat des Vertus contre les Vices,* belle et grande composition, dont les nombreuses figures sont pleines d'énergie et de grâce. Chaque camp a son étendard : sur l'un on lit *Foy;* sur l'autre, *Perfidie;* d'autres inscriptions expliquent le sujet; le couvercle représente le *Séjour des heureux;* des colonnes en émail ornent les angles de la monture en bois doré de ce coffre. Hauteur, 22 centimètres; largeur, 25.

Cette pièce capitale, remarquable par son beau style et le fini de son exécution, est signée des initiales de *Pierre Courteys* P. C., et peut être considérée comme un des chefs-d'œuvre de ce maître.

On peut juger, d'après ces détails, si nos émailleurs étaient ignorants en histoire sacrée ou profane. Après l'opinion de M. Jules Labarte sur le talent de P. Courteys comme dessinateur, et l'éclatante vivacité de ses émaux coloriés, il n'y a plus qu'à proclamer, avec M. le comte de Laborde, qu'on reconnaît en lui une étincelle du feu sacré.

JEHAN COURTEYS.

Je suis disposé à adopter l'avis de M. Léopold Charles, quoiqu'il ne repose que sur des probabilités, lorsqu'il avance que le Jehan Courtois peintre verrier de La Ferté-Bernard en l'an 1534 est le même que l'émailleur limousin dont le prénom et le nom sont identiques ; outre ce que j'ai déjà dit de l'usage qu'avaient les artistes de notre pays de se perfectionner dans leur art en visitant les ateliers des autres provinces, je puis ajouter que les Vitalis ont été en Angleterre et en Sicile, les Reymond en Allemagne, et que, la science du peintre sur verre consistant, comme celle de l'émailleur, à employer des substances vitrifiables, les deux industries étaient comme sœurs : aussi les voyons-nous exercées à la fois à Limoges par les mêmes ouvriers. Pierre Penicaud en est une preuve parmi d'autres. Le registre de la confrérie du Saint-Sacrement de Saint-Pierre en fait foi. M. le comte de La Borde, qui s'y connaît si bien, trouve une grande analogie entre les peintures sur verre de La Ferté-Bernard et celles sur émail des Courteys pour les couleurs et les tons qui dominent sur les unes comme sur les autres.

Dans les comptes de la fabrique de l'église de La Ferté-Bernard, il est établi que Jehan Courteys travaillait à y peindre une verrière en 1532, et qu'il en restaurait d'autres en 1540 ; on y lit : « Pour le disner de Jehan Courtoys, peintre, qui estoit venu asseoir les vitres de MM. les procureur du roy et contre-rolleurs susdicts (donateurs) ». (*Bulletin monumental* de M. de Caumont, T. V.)

Ces détails feraient douter si Jehan Courteys était plus jeune que Pierre Courteys.

Un acte de 1545 nous fixe sur son habitation, située dans la rue Manigne ; il payait sur sa maison une rente à la maladrerie et prieuré de la Maison-Dieu et à l'abbaye de la Règle ; il possédait aussi quelques terres au clos Font-Gouffier. Joseph Delauze, fondeur, rue du Bélier, à Limoges, eut quelque part à la succession de Jehan Courteys, son cousin, l'an 1586, qui serait l'époque de sa mort. Il eut un fils, du même prénom que lui,

qui payait, en 1602, vingt-trois sous, cotes 223 et 224 du registre des tailles, avec les hoirs d'un autre Courteys dont le
prénom est déchiré.

M. J. Labarte partage aussi la croyance que le peintre verrier
Jehan Courteys cité par M. l'abbé Morancé dans le *Bulletin
monumental* est le même que notre émailleur. Il le proclame
l'un des plus féconds artistes en émail du xvi° siècle. Il datait
rarement ses œuvres; son dessin passe pour avoir plus de correc-
tion que de vigueur; son coloris est brillant, et les carnations ont
une teinte que M. Didier Petit de Lyon qualifie de *saumonée.*
Suivant le goût de son époque, il charge ses compositions d'une
profusion d'arabesques et d'agréables ornements. M. J. Labarte,
parmi les monuments de la peinture sur verre, cite, au n° 4, un
vitrail colorié, *les Apôtres,* de l'école de Jehan Courtois, émailleur à Limoges au xvi° siècle.

M. Pottier, au tome II des *Monuments inédits,* donne la description d'un grand médaillon de Jehan Courteys publié par M. Ville-
main. La collection de M. Debruges-Dumesnil avait réuni
plusieurs émaux de cet artiste. Au n° 737 de son catalogue est
mentionnée une assiette sur le fond de laquelle il a peint *la
Chasteté de Joseph,* sujet entouré d'ornements de la plus grande
finesse; *au-dessous,* hermès et entrelacs; une couronne de laurier en forme la bordure; les initiales I et C se lisent au-dessous
d'un des Hermès.

N° 738. — *Moïse frappant le rocher :* plateau avec pied, émail
en couleurs et paillon : au revers, riche décoration, comme au
n° 737; grisaille sur fond noir; chairs coloriées; même signature.

N° 739. — Chandelier à large pied, orné de douze médaillons
ovales, en bosse, des principaux dieux de la mythologie, en
couleurs; Hercule entre autres; ils sont entourés de feuillages d'or
sur fond noir; entrelacs d'émail blanc et médaillon remplis de
fleurons variés en couleurs. Le dessous du pied est en émail pourpre foncé semé de fleurs de lis d'or : on y lit les lettres I. C.

N° 740. — Coffret d'ébène oblong, décoré à l'extérieur de cinq
plaques d'émail. Sur le couvercle, *Combat de Centaures marins
se disputant des Océanides.* Sur la plaque de devant, Neptune et
Amphitrite portés sur l'Océan par des dauphins, escortés de
néréides et de tritons précédés par l'Amour : sur la face opposée,
Minerve et Neptune montant des chevaux marins au milieu de
tritons dont l'un porte deux oliviers. La face latérale de droite

représente *Neptune ordonnant aux Vents de s'apaiser :* celle de gauche, *Vénus assise sur des dauphins.* — I. C. se lit sur l'une de ces plaques : quatre autres plaques décorent l'intérieur du coffret, ornées de masques satyriques, de bouquets de fruits : les carnations de cette grisaille sont animées ; elle est aussi enrichie de filets d'or.

N° 741. — Revers de miroir ovale : *Minerve visitant les neuf Muses sur l'Hélicon.* Email de couleurs, avec paillon et rehauts d'or ; dans le fond, I. C.

N° 742. — Buire à large ouverture, peinte, comme le n° 741, d'après Le Rosso. Sur la panse, *Jason conduisant une charrue attelée de deux taureaux ;* dans le fond, le héros semant les dents du serpent, qui se changent en hommes armés ; à droite, il terrasse le dragon gardien de la toison d'or, sous le bec du vase, écusson d'azur aux trois étoiles d'or, deux en chef, une en pointe. Dans l'intérieur, émaillé en blanc à feuillages d'or, on lit les initiales I. C.

Nous pouvons voir à notre musée une belle planche de l'album de M. du Sommerard, copiée sur l'aiguière n° 743. Dans le haut du vase, six jeunes garçons dansent au son de la viole et du tambourin. Sur la panse, Jason reçoit de Médée des philtres ; plus loin, sa réception par le roi Phinée avec Hercule et les autres Argonautes ; d'un autre côté, il enlève la toison d'or. Ce sujet est exécuté aussi d'après Le Rosso. On lit dans l'intérieur, émaillé en blanc, avec arabesques d'or, la signature I. C. (n° 23 du catalogue du musée).

Le bassin ovale placé sous cette aiguière sera décrit à l'article de SUSANNE COURT, reconnue pour en être l'auteur.

N° 744. — *Médée s'embarquant avec Jason sur le navire Argo :* plateau à pied, émaillé en couleurs, d'après Le Rosso ; au revers, écussons, entrelacs soutenus par des hermès ; grisaille sur fond noir semée de feuillages d'or ; chairs coloriées. Les initiales I. et C., quoique un peu effacées, s'y reconnaissent.

N° 745. — Petit plateau en émaux de couleurs. A l'intérieur, *Mucius Scævola plaçant sa main droite sur un brasier ardent en présence de Porsenna :* au revers, masques, entrelacs, feuillages d'or sur fond noir.

N° 746. — *Médée préparant le breuvage qui doit rajeunir le vieil Éson, étendu aux pieds de la statue de la Jeunesse :* plaque ovale en émaux de couleurs, peinte d'après les dessins du Rosso : revers marbré d'un rouge pâle.

Nᵒ 747. — Bassin ovale. Au premier plan, dans l'intérieur, *l'Enlèvement d'Europe par Jupiter métamorphosé en taureau :* deux sujets. Sur la gauche, *Neptune apaisant les Vents déchaînés contre la flotte troyenne :* des arabesques et des masques antiques couvrent le rebord ; le revers est décoré d'un grand cartouche enrichi de figures et de mascarons ; grisaille à chairs coloriées dans le style de l'assiette nᵒ 737.

Une belle planche de l'album de M. du Sommerard, nᵒ 3 de notre musée, nous permet d'admirer la copie d'une aiguière de la collection de M. Carrand, d'après Polydore de Caravage : ce sont des scènes du *Sacrifice d'Iphigénie,* vues sur trois côtés de cette aiguière de Jehan Courteys. Au-dessous du *col,* décoré de feuilles d'acanthe jaunes sur la partie supérieure de la panse, on voit une marche triomphale de Bacchus enfant monté sur un bouc, suivi de bacchants portant des thyrses, des vases, des cages, des animaux ; un d'eux joue du tambour ; le fond est noir ; la scène est embellie par un vert gazon et des palmiers ; une guirlande de feuillages dorés et d'un léger relief sépare ce sujet de la composition inférieure. Sur le devant de la panse, autel allumé, d'où s'élève en tourbillon la fumée de l'encens ; à droite, Calchas tenant le *lituus,* et un autre sacrificateur avec une patère d'or ; à gauche, jeune fille à genoux soutenue par une femme à demi nue ; près d'elle, un homme à toge grise et manteau bleu (Agamemnon) tend les bras vers le ciel. Deux personnages, l'un jeune, l'autre âgé, l'accompagnent ; cinq autres forment un groupe devant un rocher où un enfant puise de l'eau : parmi eux, deux vieillards, une femme assise. Des victimaires armés de haches et de couteaux conduisent deux génisses ; deux femmes voilées suivent le cortége ; une autre le précède ; fond noir ; arbres et gazon verts ; ornement composé de feuilles d'acanthe jaunes entre la panse et le pied. Ce pied est décoré de guirlandes de feuillages verts sur fond noir, de casques et de masques coloriés ; bordé, à l'extrémité, d'une torsade dorée. Le revers est blanc, comme l'intérieur du goulot, qui est rehaussé de filets d'or ; l'extérieur du bec de ce goulot est embelli d'arabesques bleues sur fond noir.

M. Didier Petit de Lyon décrit, au nᵒ 104 de son catalogue, une coupe avec couvercle et pied en grisaille, dont les figures sont légèrement coloriées, et qui est devenue le nᵒ 1020 de la collection du musée des Thermes et de Cluny. Dans la concavité intérieure, *les Frères de Joseph implorent la grâce de Benjamin :* fond noir; ornements dorés en arabesques. Sur la partie convexe, ornements semblables; on y lit la signature I. C. Le pied est décoré de la même manière, ainsi que le dessous du couvercle; sur le dessus, *Joseph explique les songes de Pharaon.* Cette coupe, suivant M. Didier Petit, est d'une belle exécution.

Plusieurs autres coupes de Jehan Courteys sont conservées au musée de l'hôtel de Cluny, et M. du Sommerard, son directeur, reconnaît que cet émailleur exécutait avec une grande supériorité les plats et pièces de surtout.

Au n° 1047 de son catalogue, figure une coupe sur pied avec couvercle : *la Création.* A l'intérieur, Dieu est peint créant le monde, et livrant la terre à l'homme et aux animaux. Des ornements divers, des mascarons, décorent richement l'extérieur. Le balustre est également couvert de bouquets de fruits et de fleurs, de termes et d'animaux chimériques. Au pied sont inscrites les initiales I. C.

Le couvercle présente, à l'extérieur, *le Chaos; la Création des animaux, de l'homme et de la femme;* à l'intérieur, des figures fantastiques, et des ornements en grisaille et or sur fond noir.

Le n° 1048 fait pendant à cette coupe : c'est la même décoration à l'extérieur qu'au n° 1047. Le sujet en est *la Tentation d'Éve et la perte du paradis :* à l'intérieur de cette coupe, *la Séduction par le serpent;* sur le couvercle, *Adam et Éve* sont chassés du paradis terrestre par l'ange au glaive flamboyant, et forcés de travailler à la terre; ils comparaissent devant le Seigneur, rougissant de leur nudité. L'intérieur du couvercle est orné d'arabesques, d'êtres chimériques. Cette coupe est signée I. C.

N° 1049. — Autre coupe à couvercle : *le Paradis perdu et le Déluge,* grisaille teintée; dans la concavité, *la Fin du Déluge et l'Arche de Noé;* mascarons et ornements sur fond noir à l'extérieur. Sur le couvercle, *Éve séduite par le serpent, et présentant la pomme à Adam; les deux époux paraissant devant le Seigneur, et leur expulsion du paradis terrestre.* Les initiales I. et C. sont inscrites sur la coupe et sur son couvercle.

Ce qui peut donner une idée de l'estime des amateurs pour les œuvres de Jehan Courteys, c'est le prix de 4,700 fr., auquel fut adjugé, pendant mon séjour à Paris, un coffret oblong en ébène, semblable à celui décrit au n° 740 de la collection de M. Debruges-Dumesnil, si ce n'est le même : il était décoré de plaques émaillées qui représentaient des sujets mythologiques; signé I. C. Une écritoire, aussi en émail, se voyait dans l'intérieur.

Ce coffret portait le n° 784 au catalogue du riche mobilier de M. W. Hope.

Je ne reviendrai pas sur la série d'assiettes de la collection Andrew Fountaine, où Jehan Courteys a peint les douze mois, et les a signés de ses initiales I. C. Nous avons déjà parlé de sa collaboration avec Pierre Courteys, qui a peint une série d'assiettes analogues et sur les mêmes modèles.

Il faut encore, comme pour Pierre Courteys, aller au Louvre afin d'admirer, dans ce splendide musée, la belle et nombreuse collection des œuvres de Jehan Courteys, et s'arrêter devant les émaux où il a peint des scènes empruntées à l'Écriture sainte, à l'histoire de Joseph entre autres, qu'il affectionne tout particulièrement, des sujets mythologiques, et des allégories sur les mois.

Au n° 392, *Passage de la mer Rouge :* plaque ovale émaillée en couleurs, paillon et rehauts d'or. Sur le rivage, Moïse et des Israélites armés de piques dorées, Aaron, deux femmes, quatre vieillards. — Pharaon et ses Égyptiens submergés par les flots soulevés comme une muraille ondoyante; le roi, portant la couronne et le sceptre, est assis dans un char traîné par des chevaux à la nage, cavaliers se retenant l'un l'autre; vieillard et cheval dont les têtes apparaissent au-dessus des eaux; cavalier élevant son étendard; détails de ce grand naufrage; arbre à la gauche des Israélites; monuments égyptiens au-delà des flots. Moïse, vêtu d'une robe rouge à manches bleu pâle et d'un manteau bleu d'azur a des rayons d'or qui sortent de sa chevelure. Le manteau de Pharaon est rouge, parsemé de points dorés; son armure, couleur de turquoise, et ses chausses, vertes. Revers incolore.

Ce sujet a été répété par Jehan Courteys sur un grand plat en grisaille et chairs colorées, des mêmes dimensions; collection Achille Sellières. Il est signé, au revers, I. C. C'est un des émaux les mieux réussis et les plus parfaits qu'on puisse voir, tant pour sa transparence et sa surface unie que pour l'absence de défauts (M. de La Borde).

N° 393. — *La Continence de Joseph,* d'après Lucas de Leyde : assiette en couleurs sur fond bleu, paillon et filets d'or. On lit au haut de la composition : « *Genèse* XXXIX ». Joseph laisse, en fuyant, son manteau entre les mains de la femme de Putiphar; celle-ci est assise sur un lit à baldaquin et longs rideaux; aiguière sur un tapis recouvrant une table : deux chiens. L'appartement est décoré de pilastres. Le rebord est orné de figures d'enfants dont les corps se terminent en arabesques, de vases et de masques grotesques. Rosace en grisaille bleuâtre. Au revers, termes et masques. Signature I. C. : couronne de feuillages et détails rehaussés d'or sur le fond.

N° 394. — *Joseph conduit en prison :* assiette en émaux de couleur, or et paillon ; fond bleu ; inscriptions dorées ; dans le haut : « *Genèse* XXXIX ». Joseph, entouré de trois hommes armés, est poussé vers la prison, dont l'un d'eux tient les clefs. — A droite, au second plan, Putiphar, debout, escorté de soldats, écoute sa femme, qui lui montre le manteau de Joseph. Une suivante porte le pan de sa robe. Enfant montant des degrés ; colonnes d'un portique ; terrasse et monuments ; dans le lointain, quatre personnages. — Le rebord est orné de masques, d'agrafes, de joyaux, de pierres précieuses et d'arabesques. Le revers, à peu près comme celui du n° 393. Sur les entablements on lit en lettres noires : I. C.

N° 395. — *Songe de Pharaon :* assiette semblable à la précédente pour la peinture émaillée ; dans le haut : « *Genèse* XLI ». Le roi est couché sur un lit doré orné de palmettes d'un bleu turquoise ; un chien blanc à ses pieds, près de sa chaussure et d'un vase. Paysage au fond ; vaches grasses et vaches maigres ; le tout entouré d'une vignette d'or. Le même rebord qu'à l'assiette 394, sauf des **mo**nstres ailés de plus. Revers et signature de même.

N° 396. — *Joseph explique le songe de Pharaon :* assiette comme les autres pour l'émail : l'inscription du haut indique le même chapitre de la Genèse XLI. — Le roi, assis sur son trône, au-dessous d'un dais doré à rideaux verts ; un sceptre fleurdelisé est dans sa main droite, et une couronne à pointes surmonte son turban ; en arrière du trône, trois personnages ; en avant, Joseph, dont le front est éclairé par des rayons lumineux descendant du ciel, donne à Pharaon des explications accompagnées de gestes. — Groupe de sept personnes debout ; chien blanc couché au premier plan. On entrevoit plus loin les vaches grasses et les vaches maigres et une ville dans le fond. La vignette, le rebord et le décor du revers de cette assiette, ainsi que la signature, comme au n° 394.

N° 397. — *Triomphe de Joseph :* assiette peinte comme les autres : même chapitre de la Genèse. Joseph, couronné, tenant un sceptre, est assis sur un char élevé, traîné par deux hommes, et

précédé par deux autres sonnant de la trompette : un plus grand
nombre, portant des palmes d'or, lui sert d'escorte : deux vieillards : quatre femmes, dont trois à genoux : enfant. Deux tem-
ples, l'un circulaire, l'autre surmonté d'un fronton. Vignette et
rebord semblables à ceux du n° 394 : revers comme au n° 393 ;
signature en noir, I. C.

N° 398. — *Pharaon confie à Joseph l'approvisionnement de l'Égypte :*
assiette faisant suite aux précédentes. Même peinture, même
chapitre de la Genèse XLI, inscrit dans le haut. Pharaon sur une
estrade à deux gradins ; un chien blanc à ses pieds : deux personnages sont placés près du roi, un peu en arrière : Joseph,
une pelle à la main, se tient debout devant lui ; à ses côtés,
quatre sacs de grain gardés par un homme ; un autre place sur
un chariot la paille dépouillée de son grain par quatre batteurs ;
deux porte-faix apportent d'autres sacs. Dans le fond, temple
rond ; monuments ; arcade sous laquelle on entrevoit le paysage.
Même répétition qu'au n° 393 pour les détails, vignette, rebord,
etc. — Revers et signature, comme au n° 397.

N° 399, 400 et 401. — Les mois de *Février, Juin* et *Juillet,* d'après
Étienne de Laulne : assiettes en grisaille sur fond noir, détails
dorés.

Le mot *Février,* au milieu de l'assiette, inscrit en lettres d'or
sur un mur, et le *signe des Poissons,* au haut de la composition.
Vieillard qui se chauffe ; femme filant avec sa quenouille : serviteur apportant du bois. Par la porte ouverte on voit un homme
qui coupe un arbre dans la campagne : mascarons couleur de
chair sur le rebord. — Revers décoré de termes, de masques ;
rosace, frise, etc.

Le mot *Juin,* inscrit en lettres d'or sur la porte d'une maison
et le signe de l'*Écrevisse* en tête du sujet annoncent ce mois,
caractérisé par une femme qui va tondre une brebis ; un homme
en apporte une autre ; un second relève celle qui est tondue,
dont la laine emplit un panier. — Troupeau en deux groupes
et petit pâtre dans le fond. Le revers, comme au mois de *Février :*
sur le rebord, chimères, mascarons, vases, etc.

De même pour *Juillet :* le nom de ce mois, en lettres d'or, sur
un angle formé par une haie. Signe du *Lion* sur fond d'or. —
Faucheur dans un pré : homme et femme qui amoncellent l'herbe
avec un râteau. Revers et rebord semblables à ceux de l'assiette
de *Juin.* — Signature I. C., et chiffre composé de deux D,

d'un V et d'un H (allusion peut-être à Diane de Valentinois et à Henri II).

N° 402. — *L'Arche de Noé :* coupe en couleur sur fond noir ; paillons et filets d'or. Noé, prosterné, élève ses regards et ses bras vers le Seigneur, qui apparaît au milieu des nuages en un fond d'or. L'arche est arrêtée sur une prairie ; plus loin, ville fortifiée, dont les murs sont baignés par la mer. Entre Noé et l'arche, la femme de ce patriarche et deux de leurs fils ; le troisième, et sa femme à quelque distance ; çà et là, couples d'animaux, cerf, biche, taureau et vache, deux éléphants, deux licornes, lion, renard, dindon, porc-épic, deux chèvres luttant tête contre tête, deux chiens prêts à entrer dans l'arche par un pont tournant. A la gauche de Dieu le père, on lit, en lettres d'or sur l'azur du ciel : « *Genèse*, VI et VII ». Dieu est revêtu d'une robe blanche, et son manteau, rouge sur paillon d'or, entoure son corps, et flotte derrière lui. La robe de Noé est de couleur brun rouge ou mordorée, à manches d'une étoffe bleu pâle ; manteau bleu, turban rouge pailleté, peint sur paillon d'or ; une vignette dorée sur fond noir sert d'encadrement. Revers comme au n° 397. Le fond, noir, est enrichi d'arabesques d'or. On lit sur un des enlacements : I. C. — Le pied estorné de satyres grotesques, de termes et d'animaux fantastiques.

N° 403. — *Loth et ses filles* : coupe peinte de même d'après Étienne de Laulne. Loth, assis dans une grotte, reçoit d'une de ses filles une coupe : l'autre fille y verse le vin d'une aiguière ; ruines d'édifices ; plus loin, la statue de sel ; Sodome en flammes. Au revers, cartouche orné de masques et de têtes d'animaux colorés ; paquet de fruits, au-dessous duquel quatre médaillons ovales, où sont représentés un fleuve, un cerf, une nymphe et un taureau. Entre le 3° et 4° médaillon, les initiales I. C.

N° 404. — *La Création du monde :* coupe d'après Raphaël, peinte dans le même genre. Le Père éternel, dont la tête est couronnée et ceinte d'une auréole de rayons, est revêtu, comme au n° 402, d'une robe et d'un manteau. Il étend la main vers Adam couché sur le sol. Au ciel, le soleil, la lune, les étoiles ; au milieu, arbres et gazons, oiseaux et animaux terrestres ; ceux de la mer, dans les eaux, au fond de la composition ; sous le pied d'Adam, la signature I. C. en noir ; le tout encadré d'une élégante vignette d'arabesques d'or. Revers : cartouche orné de guirlandes et de mascarons. Le fond, noir, est couvert d'arabesques dorées. Rangée d'oves sur le bord ; rosace sous le pied.

N° 405. — *Combat de cavaliers*, d'après une gravure de Ducerceau : aiguière dans le goût des précédentes. Cavaliers nus et chevaux sans harnachements ; un cavalier renversé par son cheval, blessé au poitrail et tué d'un coup de lance ; cadavre gisant sur le sol ; cheval se cabrant sous son maître. A droite, cavalier démonté qui se défend contre deux ennemis avec son épée et son bouclier. Trois combattants à gauche. Le haut est décoré d'armes et de trophées de pièces d'armures ; le pied, orné de feuillages, d'armes et de masques. L'*intérieur du bec* est peint en émail blanc ; l'anse, de même, enjolivée d'arabesques. La signature I. C. se lit à la naissance de cette anse.

N° 406. — Chandelier orné d'émaux de couleurs, fond bleu, paillon et filets d'or : *Triomphe de Neptune et d'Amphitrite* d'après Ducerceau ; *la Chasse à l'Ours* d'après H. Aldegraver, et *les Divinités de l'Olympe*. Le fût est décoré d'enlacements en grisaille et de rosaces coloriées sur un fond à détails dorés. Le triomphe des dieux de la mer est peint sur le renflement inférieur : deux chevaux marins les portent ; de petits génies les entourent ; ils sont précédés de quatre tritons, deux vieux et deux jeunes : l'un sonne de la conque, l'autre tient un vase de feu. La chasse à l'ours est figurée sur le plateau : l'animal, debout entre deux enfants, porte de ses griffes une lance, que l'un tâche de lui arracher, et tourne la tête vers l'autre, qui le menace d'une massue ; l'ours est harcelé aussi par un chien blanc, et deux autres enfants dirigent leur lance contre lui, de droite et de gauche ; un troisième enfant sonne du cor. Du côté opposé, un ours est renversé sous les pieds de deux enfants : l'un enfonce son bras dans sa gueule, un troisième s'empare de ses pattes de derrière ; un quatrième accourt, armé d'une lance ; un cinquième enfonce son arme dans la tête de l'animal ; un sixième, en costume militaire, soutient à deux mains une massue sur son épaule. Encadrement d'une vignette dorée et collier de perles d'or mêlées de rubis, émeraudes ; tapis simulé par des plaques rondes en paillon, avec quatre petites têtes couleur de chair. La base est décorée de douze divinités peintes sur autant de godrons : *Hercule combattant l'hydre, — enlevant Déjanire, — soutenant le ciel avec Atlas, — étouffant Antée*; la biche de Cérynée : Apollon, Cybèle, Mercure, plus trois figures dégradées. Vignette et légères arabesques d'or. Le dessous est semé de fleurs de lis d'or, et les lettres I. C., inscrites aussi en or, s'y lisent vers le bas.

N° 407. — Chandelier, pendant du n° 406 : les trois mêmes

sujets, même genre de peinture, à quelques détails près. Neptune et Amphitrite sont portés par un dauphin ; des syrènes ailées élèvent au-dessus de leurs têtes une couronne et des fleurs ; un amour sonnant de la trompe, et des tritons, de la conque ; plateau, comme au précédent. Sur la base, douze divinités avec leurs attributs ordinaires. Jupiter, Pluton, Diane, Neptune, Vénus, Hercule, vainqueur de l'hydre à sept têtes, du dragon du jardin des Hespérides, du lion de Némée, de Cacus, portant les deux colonnes ; Bacchus et un satyre, et un autre personnage endommagé. Le dessous de ce flambeau est bleu semé de fleurs de lis d'or, et signé I. C., initiales tracées en or.

Aux n° 408, 409 et 410, trois assiettes en grisaille rehaussée d'or sur fond noir sont attribuées à Jehan Courteys, parce qu'elles sont peintes dans sa manière, quoique avec plus de négligence. Elles représentent la personnification des mois de *Mai*, *Juin* et *Octobre* ; au bas de chacune est peint un écusson à quatre quartiers ou cantons : premier et quatrième, échiquetés d'or et de gueule ; deuxième et troisième, d'azur, à une tête entre un lambel et un croissant : l'un en chef, l'autre en pointe.

Mai est figuré par un jeune homme et une jeune femme montés sur le même cheval : celle-ci tient une baguette dorée ; leur costume est celui du temps de Henri II ; ils traversent une forêt. Le signe des Gémeaux, sur fond d'or, brille au haut de la composition. Le rebord est orné de quatre mascarons teintés et de fruits ; le revers d'un cartouche, de masques coloriés et de draperies, entourés d'une vignette et d'une frise dorées.

Juin, ou *la Tonte des brebis* : un homme et une femme assis sur le gazon, et des ciseaux en main, tiennent chacun sur leurs genoux une brebis ; près d'eux, un panier rempli de laine ; plus loin, un pâtre et un mouton : le signe de l'Écrevisse dans le haut ; rebord et revers, comme au mois de *Mai*.

Le mois d'*Octobre* : signe de la Balance sur fond d'or. Vendangeur dans une cuve, les mains accrochées à son ouverture, y foulant du raisin avec ses pieds ; enfant tenant une coupe et un rameau d'or ; vieillard apportant une hotte pleine de grappes ; femme avec une corbeille de raisins. Le fond est rempli de ceps couverts de fruits ; écusson et revers comme aux assiettes précédentes.

La collection de feu M. d'Arjuzon possède un des plus fins émaux de Jehan Courteys : c'est *le Christ crucifié entre les deux larrons*, plaque ovale, au bas de laquelle se fait distinguer, sur la verdure du sol, un cartel blanc, dont l'inscription n'a conservé que deux ou trois lettres.

La collection Pourtalès renferme un émail copie d'un émail du même Jehan Courteys qui est au Louvre; l'un de ces émaux est en grisaille, l'autre en couleur. Nous avons parlé de ces répétitions de sujets au n° 392 du Louvre. Chez M. Fould, un grand plat de cet émailleur, qui n'est pas signé, représente *David et Bethsabée*. — Deux plaques de M. Sauvageot représentent *la Prédication de saint Jean*, patron de Jehan Courteys, et *Jésus-Christ dans sa gloire* : elles sont signées I. C.

Le *Moïse élevant le serpent en vue des Israélites*, de la collection A. Fountaine, est signé de même au revers; l'aiguière de M. Visconti porte aussi la signature sur la panse. Jehan Courteys y a peint, en grisaille, *Loth et ses filles*, dont les carnations sont animées.

Le plat rond de la collection Saint-Pierre représente *la Circoncision*. On lit au bas, sur un cartel d'émail blanc : *Christus octavo die circumciditur*. Les vêtements sont d'un bleu turquoise et bleu lapis; sur le rebord, écusson écartelé, au premier et au quatrième, d'azur à trois I d'or, posés 2 et 3; au deuxième et troisième, de gueules à une foy parée d'or, les lettres I. C. au revers. Au n° 155 du catalogue de la collection de Mme de La Sayette, de Poitiers, une assiette en émail colorié, rehaussé d'or et de paillon, porte au revers les initiales I. C. (Jehan Courteys)

Joseph présente ses frères au roi Pharaon : de riches ornements décorent le bord et le revers; mascarons, animaux fantastiques, caryatides, entrelacs en grisaille. Diamètre, 20 centimètres. — Au n° 168, deux médaillons ovales en couleur, paillon et filets d'or : *Vénus et Adonis*, signés I. C.

Terminons cette nomenclature par une belle grisaille de M. Taillefer, *la Charité romaine*, signée de Jehan Courteys.

Des titres récemment découverts aux archives font une mention de Jehan Courteys comme propriétaire de maisons rue du Temple et près des Étangs, l'an 1514. Un autre, plus ancien, mais altéré par le temps, cite un J. Corteys comme *conseilhador* et *recebedor* d'une confrérie : les traces de lettres qui suivent l'initiale I peuvent permettre de lire *Jayme* ou *Jacme* (Jacques) aussi bien que *Jehan*.

M. Soulage, de Toulouse, possédait une râpe représentant un berger sur un fond bleu clair, qu'il attribuait à Jehan Courteys

MARTIAL COURTEYS.

Martial Courteys, émailleur et orfèvre, devait être le fils ou le plus jeune frère d'un des deux Courteys précédents. Nous sommes fixé sur deux années de son existence par le livre de la confrérie du Saint-Sacrement de la paroisse de Saint-Pierre-du-Queyroix, dont j'ai fait connaître le premier toute l'importance aux membres des comités historiques du ministère de l'instruction publique. Voici les termes mêmes de ce registre, qui nous donne, outre les détails du prix de l'ouvrage, la vraie orthographe du nom des Courteys : « A Martial Courteys, pour auoir peinct et dressé les deux images du candélabre et pour oripeau, 49 sols. — Pourtraict du couronnement dudict candélabre, 15 sols 6 deniers. — A Martial Courteys, pour auoir mis au présent liure le pourtraict du candélabre, 37 sols 6 deniers. — Quatre panonceaulx d'argent, pesant 3 marcs, lesquels sont pourtraicts de l'autre part, dorure, etc., 78 liures 10 sols, revenant à 26 liures 10 sols. » Ces peintures sont tout au long sur le registre en question, aux années 1579 – 1580. Ce candélabre était un entablement en bronze doré à deux moulures, du milieu duquel s'élevait un grand chandelier entre plusieurs autres petits; des anges portent des écussons où sont les monogrammes de Jésus-Christ et de la sainte Vierge, les dates, arabesques, etc., et l'inscription : *Qui habitant in domo tua. Domine, in secula seculorumt* (sic) *laudabont* (sic) *te.* Les fautes de latin sont du fait du fondeur, et non de l'émailleur. On connaît de Martial Courteys un plat rond peint dans la manière de Jehan Courteys en émaux de couleur; il est décrit sous le nᵒ 752 de la collection Debruges-Dumesnil par M. J. Labarte. A l'intérieur, *Moïse frappant le rocher;* sur le rebord, oiseaux et élégants rinceaux; au bas du tableau, M. C. Au revers, fond bleu céleste, *Jupiter avec ses attributs,* au milieu d'une riche décoration d'arabesques et architecturale; on y remarque deux moines à oreilles d'âne lisant leur bréviaire.

M. de La Borde reproche à Martial Courteys d'avoir abusé du paillon.

Nous ajouterons à ce que nous avons dit, en commençant, de la famille Courteys, les noms, recueillis dans des actes des archives départementales, de feu Pierre Courteys, *gerlier* (fabricant de cruches) en 1532 ; de Peyr Corteys, barbier devant l'abbaye de Saint-Martial en 1504 ; de Siméon Courteys, en 1562 ; de Claude Courteys, notaire en 1576; d'Étienne Courteys, rue du Collége (Chancellerie). La vigne du clos Ville-Hérein s'appelait encore en 1690 *Vigne de feu Pierre Courteys.*

Martial Courteys est cité page 163 du IIe volume du Bulletin Archéologique des comités historiques du ministère de l'instruction publique.

JEHAN COURT DIT VIGIER.

Nos archives sont riches en documents sur cet émailleur d'un mérite supérieur à nos yeux, quoi qu'en disent les vers de Blanchon que nous donnons plus loin. Nous connaissons sa signature, des plans coloriés faits par lui dans des procès, et des contrats relatifs à ses affaires de famille. Le plus ancien de ces actes est daté de 1536 : il mentionne la maison et l'écurie de Court dit Vigier, ou plutôt de Vigier Court, achetées des héritiers de Mérigot-Villebost, rue du Foussat, près des murs de ville : c'est aujourd'hui la rue des Écoles. Nardon Pénicaud demeurait aussi rue du Foussat ; il dut être le voisin et peut-être le maître en émaillerie de Jehan Court dit Vigier ; remarquons, en passant, que cet acte le nomme *Vigier Court.* Il devait une rente sur les maisons et écurie de la rue *de Fossalo* (fossés de l'ancien château de Limoges). Un contrat plus intéressant est celui de 1544, qui donne les noms de son père, de ses frères et de sa sœur. C'est un exploit d'ajournement contre Jehan Court dit Vigier, Jacques, Dominique, autre Jehan et Catherine Court, enfants comme lui de feu Jehan Court, en son vivant orfèvre, Jehan Fricquet le jeune, aussi orfèvre, Pey (Pierre) Pénicaud le jeune, etc., opposants au décret de subhastation pour arrérages dus au syndic de Saint-Martial, et demande de délai (page 127, rôle, liasse

3898, — 8 février 1541). Jehan Nantial était l'avocat de la famille Court. Il faut qu'elle ait été obligée de vendre la maison, *excide* et jardin de la rue du Foussat, puisque, en 1547, nous trouvons cette mention : *Qui furent jadis de Jehan Court dit Vigier.*

Nous voyons figurer le nom de cet habile émailleur dans un acte du 6 février 1555, accompagné de ceux d'un Pierre Court, d'un Pierre Pénicaud, de Jean Texier et de Jehan Delauze le fondeur, parent de Jehan Courteys. C'est l'exécutoire d'une sentence qui met en possession les syndics de l'abbaye de Saint-Martial et de la communauté des prêtres de Saint-Michel-des-Lions de la maison du susdit Delauze. Remarquons que c'est de l'année 1555 que Jehan Court a daté ses principaux émaux. Notre artiste possédait plusieurs maisons : l'une, rue des Grandes-Pousses, communiquant avec la rue Manigne, comme celle de Léonard Limosin ; une autre, rue du Verdurier (*Viridarium*), appelée d'abord du *Verdier* ou des *Etables*, ensuite du *Verger,* à cause du jardin de l'ancien hôtel des monnaies. Il avait aussi des vignes au clos de L'Audoynarie près le moulin Moreau, au clos Saint-Vincent et au clos Las Barras.

C'est ici le lieu d'établir que son véritable nom était bien *Jehan Court dit Vigier,* et non *Vigier dit Court.* Quelques copies d'actes, dues à des clercs peu exercés sans doute, nous ont donné cette dernière variante : mais la signature de ses émaux et de ses plans coloriés doit détruire à cet égard toute incertitude.

La liste des consuls de Limoges pour les années 1529 et 1530 porte Jehan Court de Vigier (*sic*) : c'est-il encore une faute de transcription ? Cet hommage rendu à l'artiste éminent, jeune encore, et dont la fortune n'était pas alors considérable, honorait à la fois l'émailleur et ses concitoyens. Le vigier était, en Limousin, un juge secondaire (*judex, tribunus*), une sorte de *vicaire* des consuls, comme les prud'hommes de notre temps. Il est possible que le père de Jehan Court, dont nous avons trouvé le nom cité en 1509 avec ce titre, ait été revêtu de cette charge, et que ce nom de *Vigier* soit resté en forme de sobriquet à son fils et à sa famille. Une place de Limoges a été longtemps appelée *La Mothe-des-Vigiers.*

Jehan Court avait pour femme Narde ou Léonarde Jourdanie, qui lui survécut, et qui fut la mère de Jehan dit Petit-Jehan Court, et appelé aussi le Jeune dans son acte de mariage avec Valérie Lajonnard en 1580. Le registre 1 *bis* du prieuré conventuel de Saint-Gérald, page 21, fait mention, dans un acte notarié, de la vigne de Vigier, *esmailleur,* au clos de L'Audoynarie : ce contrat, daté de 1583, nous donne à croire que l'habile artiste vivait encore à cette époque.

Nous en avons une autre preuve par les strophes d'une ode à Dorat, poète du roi, du poète limousin Jacques Blanchon, de cette même année 1583. Ces vers nous aideront à réfuter victorieusement l'opinion de quelques écrivains qui ont soutenu que Court était l'abrégé de Courteys : comme les trois familles d'émailleurs y figurent avec leurs vraies dénominations, nous nous empressons de les citer *in extenso* :

> « Tayseray-je soubz silence
> La surartiste excellence
> De l'estimable *de Court*,
> Que tout l'uniuers appelle
> L'admirable esprit d'Apelle
> Veu en la royale court ?

> » Ne reluyra la patrie
> De la scauante industrie
> De mille autres bons esprits,
> D'un *Vigier* pour l'esmailheure,
> Et de la science meilheure
> D'un *Corteys* des mieux appris. »

Dans ces vers, Blanchon semble placer de Court au premier rang, un des Courteys au second, et Jehan Court au troisième. Il était, sans doute, aussi grand connaisseur que bon poète; on voit aussi qu'on donnait à ce dernier émailleur assez communément le nom de *Vigier*.

Nous intervertissons l'ordre chronologique de nos titres afin de montrer ceux qui l'appelaient de même, soit par suite de l'éloignement de cette époque, soit pour avoir copié des actes fautifs.

La maison de la rue des Grandes-Pousses fut vendue le 15 novembre 1597, comme on peut le voir au terrier du notaire Thoumas. A la page 47 d'un autre terrier du même notaire, il est question, en ces termes, des maisons possédées, au 29 juillet 1756, par Clorieux et Grobras : « Maisons qui n'en faisoient jadis qu'une seule ayant appartenu aux Saignat, à Jean Vigier dit Court, émailleur: à Narde Jourdanie, sa veuve, etc., puis à Jean Muret : cette maison ouvrant sur les rues Manigne et du Verdurier ». Un autre terrier donne, sous la même date, une copie parfaitement identique de cette reconnaissance.

Le terrier nouveau du notaire J.-M. Ardant, nº 26, folio 97, sac 6, au 24 août 1764, constate l'acte de reconnaissance de Jacques Saignat pour la maison qui fut de Jehan Vigier dit Court, émailleur, et de Léonarde Jourdanie, sa veuve, passée par la suite en propriété à Hélie Peyssac, à Jean Muret, à Maledent de Font-Jaudran, à Devoyon du Buisson. Cette maison, contiguë à celles de MM. Benoît de Vanteaux et Roulhac du Rouveix, payait 14 sous 6 deniers de cens.

La vérité est trop bien établie par les premiers actes originaux pour que ces copies puissent faire supposer que *Court* fut un sobriquet pris d'un défaut de taille. Le nom de *Petit-Jehan* de son fils vient aussi de ce qu'il était très-jeune à cette époque.

La dernière preuve qu'il me reste à fournir sera la plus complète et la plus concluante : c'est sa signature authentique sur un acte fait par autorité de justice.

Nous possédons aux archives de la Haute-Vienne trois plans coloriés faits par Jehan Court, comme arpenteur juré, dans des affaires litigieuses : toutes les dénominations de lieux, d'églises, de chemins, de terres, sont écrites de sa main, et l'un deux porte cette apostille : « Figure faicte par moy, Jean Court dict Vigier, maistre peintre de la ville de Lymoges, prins d'office par monsieur de Petiot, juge royal de Lymoges, en présence des parties ; *Court*, etc. ». Le J de son prénom et le C de son nom sont liés ensemble ; entre les deux branches du V de son surnom est un petit R. Un léger paraphe termine ce dernier mot abrégé.

M. de Petiot, dont il est ici question, était le juge de la reine de Navarre (Jeanne d'Albret), vicomtesse de Limoges : nos archives conservent beaucoup de sentences de ce magistrat, rendues en 1563 et 1564, et qui peuvent, à peu de chose près, fixer la date de ces plans.

Ces trois plans, qui se font suite les uns aux autres, outre le mérite qu'ils ont à nos yeux d'être l'œuvre de notre habile émailleur, ont celui de reproduire l'enceinte, les tours, plusieurs portes et les clochers de quelques églises de la ville du Château et de la Cité, à cette époque éloignée de trois siècles de la nôtre. Les couleurs en sont toujours vives, et le dessin correct.

On y reconnaît de la ville proprement dite les rues principales : St-Martial, St-Michel, St-Pierre et le consulat ou l'hôtel-de-ville ; ses entrées fortifiées de Montmallier, l'éperon St-Martin (porte Tourny actuelle), de Boucherie et de Manigne; dans l'antique *Cité*, la cathédrale, trois rues, les portes *Panet* et de *St-Maurice*, et son enceinte quadrangulaire; celle de la ville du Château a la forme d'un cœur. Au-dessous de la porte Boucherie, le faubourg du même nom et la rue *Palevézy* ; à droite de la Cité, le faubourg du Naveix et ses chantiers de bois à brûler, joignant la rivière de Vienne; un peu plus loin, le faubourg des Cassauds et La Maladerie (*sic*) de St-Jacques ou Jacmes, située près de l'embouchure du ruisseau d'Aigues-Perses dans la Vienne. En remontant du sud au nord, les églises *St-Jammes* (*sic*), et St-Christophe, St-Augustin des Bénédictins ; les couvents des Cordeliers et de St-Martin des Feuillants ; l'église de cette abbaye, bâtie sur l'emplacement de la maison paternelle de saint Éloi ; un peu plus à droite, la léproserie de la Maison-Dieu, à moitié détruite; dans la campagne, du même côté, les métairies des Audoueynas, où l'on peut remarquer la *terre et pastural* de Jehan Limosin, et une prairie de François Limosin, celles du Carrier, de Juillac et de Fougeyras, aujourd'hui charmantes villas; en remontant plus au nord, au-delà de La Croix de l'Eychalier, Guyernaud (Enguernaud), le bourg de Rilhac-Rancon et la fontaine Mareyne; les domaines de Peyrou et de Panla. Les chemins sont parfaitement tracés ; les allées et les plantations d'arbres, les jardins, les terres et prés indiqués par des couleurs jaunes et vertes ; les toits des maisons en rouge, et les eaux en bleu. Ces nuances n'ont rien perdu de leur vivacité, malgré trois siècles écoulés. Ces plans ont été faits pour une contestation entre les bénédictins et les feuillants au sujet de la terre des Bounets.

Nous possédions à Limoges, en 1837, un couvercle de coupe en grisaille dont M. Tripon donne une lithographie dans son *Historique monumental du Limousin*. Diane y est représentée sur un char derrière lequel sont enchaînés Vénus et l'Amour. Des groupes de nymphes chasseresses suivent le char, conduisant en laisse des lévriers et des cerfs. Les carnations sont rosées ; le dessin en est vigoureux, et les figures sont artistement agencées. On lit dans un petit cartouche fond bleu, en lettres d'or : *A Lymoges, par Jehan Court dit Vigier. 1556.* Le dessous est orné d'arabesques entourant les médaillons de Jules-César, d'Auguste et de deux impératrices.

Deux autres couvercles de coupe ont été achetés à Limoges il y a déjà longtemps, et doivent se trouver dans quelque riche collection. L'un représentait le *Triomphe de Neptune et d'Amphitrite*, avec leur cortége de divinités de la mer, néréides, syrènes, tritons, amours ailés suivant leurs chars; chevaux marins se jouant au milieu des ondes. A l'intérieur, médaillons, têtes d'hommes et arabesques. Grisaille à carnations colorées. Sur la dernière on voyait des *Combats de centaures*.

Nous avons possédé, à l'hémicycle du palais de l'industrie, pendant la durée de notre exposition du centre de la France, un coffret de bois couvert sur trois de ses côtés de plaques émaillées dans un très-mauvais état de conservation : ce sont de fort belles grisailles sur fond noir. Sur la plus grande plaque oblongue, de 19 centimètres de largeur sur 10 de hauteur, Orphée est peint assis sur son vêtement; un étroit baudrier de couleur d'or soutient, près de son flanc droit, un objet inexplicable, ressemblant à un sac recourbé en croissant : ce ne peut être un archet. Orphée tient, de la droite, une lyre à quatre cordes dorées: la gauche retient son manteau et un chien par son collier d'or. De ce côté, tronc d'arbre où sont perchés deux oiseaux; plus bas, un dromadaire; près du pied droit d'Orphée, canards nageant côte à côte dans une eau bordée de brins d'herbe peints en or. A droite, un lion couché, dont la belle tête repose sur ses griffes; cerf et licorne.

Les plaques latérales sont larges de 125 millimètres, et hautes de 100. Sur celle de droite, le centaure Nessus donne une leçon d'équitation au jeune Achille, qui, tout nu, galoppe sur un cheval. Un autre cavalier, nu aussi, coiffé d'un casque, excite le cheval d'Achille en le frappant d'une verge dorée. Sur la plaque de gauche, Nessus armé de verges, Achille à cheval. Le prince est revêtu d'une légère tunique brodée d'or; un satyre effraie son coursier en lui présentant un bouclier; brins d'herbes dorés sur le sol.

M. Jules Labarte proclame Jehan Court dit Vigier un dessinateur plus correct et plus hardi que Jehan Courteys, avec qui on a voulu mal à propos le confondre : si son coloris est moins chaud, les carnations de ses figures sont plus naturelles et d'une teinte moins saumonée. M. Labarte décrit ainsi le n° 728 de la collection de M. Debruges-Dumesnil : « Couvercle de coupe, décoré de quatre têtes séparées par des bouquets de fruits : au-dessous de l'une de ces têtes, inscription : *A Lymoges, par Jehan Court dit Vigier. 1556*: dans l'intérieur, *Neptune ordonnant aux vents de s'apaiser*, d'après Raphaël, et autour, *Combat de centaures marins se disputant des néréides,* grisaille à carnations teintées sur fond noir à reflets de pourpre. »

Au n° 729, le même sujet est reproduit sur le couvercle d'une autre coupe avec de légères variantes ; la grisaille est aussi sur fond noir, avec quelques détails dorés, feuillages, etc. A l'intérieur, entrelacs formant quatre médaillons, dont le centre est occupé par une tête d'animal ; entre ces médaillons, animal à tête humaine.

Au n° 730, sujet tiré de l'histoire de Psyché, d'après les dessins composés par Raphaël pour décorer le palais de la Farnesina, à Rome, dessins gravés par Marc-Antoine : grande assiette, grisaille à carnations animées : *Vénus, portée par un dauphin, se promène sur l'Océan avec une escorte de tritons et de néréides ;* elle apprend par un oiseau que son fils est accablé de douleur. Sur le rebord, écu d'azur au phénix d'or, à trois croissants de même en chef. Il existait en Limousin une famille de Phénix ou Phénice dont ce peuvent être les armoiries. Au revers, cartouche renfermant quatre têtes de génies ailés ; son rebord est orné d'arabesques. Cet émail se fait remarquer par la fermeté du dessin et par sa belle exécution.

M. Didier-Petit se borne à mentionner la belle coupe de M. le comte de Pourtalès, à Paris (n° 198). Ce chef-d'œuvre est ainsi décrit par M. J.-J. Dubois : « Sur le piédouche, semé de fleurs de lis d'or, se voit répété l'écusson de Marie Stuart, à qui ce beau vase dut être présenté lorsqu'elle n'était encore que la fiancée de François II, qui l'épousa le 25 avril 1328 : la coupe était digne de cette charmante princesse ».

Plaques de la collection de M. Didier-Petit, représentant : le n° 223, *le Christ devant Pilate,* d'après Albert Durer : le n° 224, *l'Ascension.*

M. J. Labarte cite parmi les richesses de la Kunst-Kammer de Berlin un plat magnifique.

Les œuvres de notre grand artiste sont rares, même au Louvre : on n'y trouve que deux assiettes de J. Court : elles sont peintes en grisaille sur fond noir, avec chairs colorées et détails dorés. Ce sont les n°s 415 et 416 du catalogue. Sur la première est la personnification du mois d'*Avril :* deux amants, costumés à la mode du temps de Henri II, sont assis sur le banc rustique d'un jardin : à leurs pieds, une coupe et une bouteille. Un fou, avec sa marotte, a l'air de présider à leur union. Le signe du *Taureau* est tracé sur un fond pointillé d'or à la partie supérieure de la composition. Sur un banc se lisent les initiales I. C. D. V. Le rebord est orné d'enlacements d'un blanc mat sur fond noir rehaussé d'arabesques d'or. Le revers offre, de plus une rosace et deux petits termes fantastiques, ainsi qu'au numéro suivant.

Le mois d'*Octobre* : une Italienne de l'époque, assise sous un arbre, tient un pain sous un bras, et présente, de l'autre, une coupe à un laboureur qui passe près d'elle ensemençant son champ ; arbres et fabriques dans le fond ; le signe du *Scorpion* et le nom du mois, en lettres d'or, au-dessus du paysage ; le rebord est orné de quatre mascarons reliés à des groupes de fruits par des enroulements.

La signature entière de Jehan Court se lit sur le couvercle d'une coupe de la collection Iza Czartoriska, ainsi que sur un grand plat peint en grisaille avec carnations teintées de la collection Callet. *Le Repas des dieux*, d'après Raphaël, y est peint dans le fond. La signature est suivie de la date 1557. C'est une œuvre d'un travail large et d'un grand effet.

Il est certain que Jehan Court a été le contemporain des rois de France François I", Henri II et François II ; il est beaucoup moins probable qu'il ait vécu jusqu'à 1602. Le rôle des taxes de cette année-là, dont un notaire de Limoges me donna communication, porte bien son nom. M. Texier et d'autres après lui ont répété les termes de ce rôle. L'article 138 de la taxe du quartier Manigne (Mágnynie) est ainsi conçu : « *Jehan Court dit Vigier et Petit-Jean*, son fils, un écu deux sols ». Pour concilier cette date de 1602 avec la liste des consuls de 1529 à 1530 et l'acte de l'année 1541, il faut que ce soit le fils de Court, appelé du même prénom que lui, surnommé *Petit-Jehan* ou le Jeune, marié en 1580, qui figure sur le rôle de 1602 avec son fils, petit-fils de Jehan I", qui aurait aussi porté ce surnom enfantin. *Jehan Court dit Vigier*, comme le nomme un titre écrit en patois, n'a pas dû vivre beaucoup au-delà de l'année 1583. Un registre commencé vers cette époque pour les dîmes de la rue Manigne s'exprime ainsi : « Les hoirs de feu Jehan Court dict Vigier doibuent, sur leur maison de la rue Manigne, argent 7 sols 3 deniers ».

On lit au terrier de Saint-Gérald :

« Feu Jehan Court dict Vigier, maison sise en la rue de Magnynie (*en marge*).

« Maison d'Isaac Gayou, qui souloit estre dudict feu Jehan
Court, doibt chascun an, de cens de rente, ... etc. »

Ce serait ce fils de Jehan Court qui aurait vendu, en 1597,
la maison de la rue des Grandes-Pousses, qui aurait épousé
Valérie Lajoumard, et aurait fait baptiser à la paroisse de
Saint-Pierre deux filles : Anne et Simonne, et un fils nommé
aussi *Jean Court*.

Les registres de l'an 1611 de cette même paroisse font
mention d'un autre Jean Court dit Vigier, époux de Bénigne
Guybert, et père d'autre Jean Court; d'autres titres qui le
concernent sont datés de 1626 et de 1650. Il demeurait rue du
Clocher : c'était, sans doute, la descendance du frère puîné du
célèbre émailleur.

SUSANNE COURT.

La biographie de Susanne Court présente aussi bien des
difficultés : Susanne signe *Court* et *de Court,* et aucun document
ne peut nous apprendre à laquelle de ces deux familles elle
appartenait : tout ce que nous savons, c'est qu'elle habitait, en
1600, le faubourg Boucherie. Elle était très-certainement la fille
d'un *Court,* et peut-être épousa-t-elle un de ses parents : ce qui
la fit signer *Susanne* de *Court,* selon l'usage du Limousin, où les
femmes, à l'imitation des Latins, mettent le nom de leur mari
au génitif après le leur, plus particulièrement dans les maisons
de commerce, où la femme signe pour le chef de la communauté.
Je ne trouve que ce moyen d'expliquer ce changement de signature, car je suis persuadé que, si Susanne avait le droit de
prendre la particule *de* devant son nom, aucune raison, dans le
siècle où elle vivait, ne pouvait l'en détourner. Peut-être aussi
devint-elle la femme de Jean de Court ou de tout autre
membre de sa famille : le premier, en tous cas, l'aurait épousée
à un âge avancé.

Les alliances entre artistes de la même profession ne devaient
pas être rares. Nous avons cité une Courteys épouse d'un Poncet;
une Guybert, d'un Jean Court ; Valérie Limosin était, en 1535,
la femme de Pierre Vigier dit Calet, élève de Pénicaud; une

Mouret fut mariée à un Noualher. Ce qui paraît certain c'est que Susanne fut l'élève de Jean de Court comme elle fut sa contemporaine. Le chef-d'œuvre de cette artiste est, selon moi, un petit tableau d'émail, de 25 centimètres de hauteur sur 20 de largeur, que son propriétaire. passant à Limoges, me permit d'examiner et de décrire tout à mon aise. Son sujet est *l'Adoration des Mages*, composé de onze figures ; il est signé en lettres d'or : SUSANNE COURT F.

Le ciel, d'azur, est parsemé d'étoiles d'or : une d'entre elles, plus grande, ressemble à une comète. Au premier plan, la vierge Marie, assise, tient l'Enfant divin sur ses genoux ; un roi, prosterné devant Jésus, baise ses petites mains. Le profil de ce prince rappelle celui de François Iᵉʳ, et le sceptre qu'il tient à la main est terminé par une fleur de lis. Sa couronne est déposée sur la terre près d'un vase à parfum de la forme d'une longue coquille. A droite, un autre roi ou mage, dont le visage est noir, la tête couronnée, tient à la main une coupe fermée d'un couvercle. A gauche, un troisième personnage couronné, à qui le peintre a donné les traits de Henri II, porte une coupe semblable à celle du nègre ; derrière le groupe, saint Joseph debout.

Au dernier plan, deux chameaux que retiennent leurs conducteurs par la bride ; un bœuf de couleur d'or et un âne à gauche ; au loin, portique à colonnes ornées de guirlandes, entrée d'un palais, petit édifice surmonté d'un dôme peint en violet. Dans le bas de la composition, la terre est semée de plantes vertes et de fleurs d'or.

Le paillon fait ressortir d'une manière très-brillante les étoffes d'un bleu clair ou foncé, d'un rouge pourpré, d'un vert d'émeraude ou de couleur brune ; des filets d'or rehaussent les lignes de l'architecture de la crèche, les nimbes, les couronnes et les sceptres des rois mages ; enfin l'extrème translucidité de cet émail ajoute encore à sa perfection.

Nous possédons, à notre musée, une planche gravée et coloriée, qui nous donne une copie exacte de l'aiguière et de son plateau, de la collection de M. Debruges, nᵒ 743, comme nous l'avons dit en citant les œuvres de J. Courteys. M. du Sommerard et M. Jules Labarte s'accordent pour attribuer à Susanne la peinture du bassin, qu'elle aurait exécutée dans l'atelier et avec les conseils dudit J. Courteys.

La composition du sujet qui est représenté sur le bassin est remarquable par le nombre des personnages (ils sont huit) et par la variété de leurs costumes. Les taureaux vulcaniens, l'un blanc, et l'autre de couleur olivâtre aux cornes blanches, foulent un sol marécageux d'où s'exhalent des tourbillons de fumée noire; aux pieds de Jason, un vase vert et or, rempli de fleurs, est renversé sur l'herbe. Dans le lointain, rivière, ciel bleu, nuage gris, d'où s'échappent des rayons d'or qui jettent de l'éclat sur des tours; bâtiments à toits pyramidaux à gauche, de gros arbres verts à droite.

Le rebord de ce bassin est décoré, aux extrémités de l'ovale, par deux médaillons, bustes d'un empereur et d'une impératrice, Antonin le Pieux et Faustine la mère. Au milieu, un masque à oreilles de satyre et à cornes blanches; quatre appendices couleur de chair pendent à son menton, et ressemblent à des vessies gonflées; des animaux fantastiques, tels que panthères à bustes de femmes levant leur queue, des sphinx ailés, de petits satyres accroupis et de face, griffons ailés et autres, blancs, gris, lilas, couleur de bronze, les uns à queue de serpent, les autres à queue d'écrevisse et à tête de femme; arabesques; draperies bleues et ornements d'un vert éclatant.

Au n° 753 de la même collection, M. J. Labarte décrit le revers d'un miroir ovale en émail peint en couleur, et signé S. C. : *Orphée attirant les animaux par les accords de sa lyre.*

Au n° 754 sont inscrites deux salières hexagones à pied évasé; sur la coupe de la première, le même sujet d'Orphée ; aux six pans, *la Charité, la Foi, l'Espérance, la Justice, la Force* et *la Prudence.* Dans la coupe de la seconde, *Eurydice mordue par un serpent ;* aux faces du pied, *Junon, Diane, Apollon, Mars, Mercure* et *Minerve :* émail en couleur avec paillon.

Au n° 755, deux émaux octogones, peints de même, se faisant pendant : *Diane et Endymion ; — Orphée.*

Au n° 756, deux médaillons ovales et concaves de mêmes dimensions: *Mars* et *Minerve* debout : émaux rehaussés d'or; pour le reste, comme les précédents.

M. J. Labarte indique encore comme œuvre capitale de Susanne Court un grand bassin du musée céramique de Sèvres; il remarque dans les émaux de cette femme un caractère mignard qui les fait aisément reconnaître.

C'est ce style féminin, son cachet en quelque sorte, qui me lui fait attribuer une plaque octogone, peinte comme celles du n° 755, qui provient de la collection de mon grand-père M. Peyroche du Reynou , et fait partie aujourd'hui de celle de M. G. Reculés. *La Mort d'Adonis* y est peinte en couleurs rehaussées de paillon. Vénus et Cupidon sont auprès du corps de ce beau berger ; le char de la déesse , attelé de deux cygnes , est placé en arrière et à droite. Vénus , affligée , tient ses bras croisés ; deux nymphes nues sont debout de chaque côté de la composition , où dominent le bleu et le vert , comme sur le bassin de la composition n° 743 de M. Debruges. Notre musée renferme une plaque octogone, de même en émail, d'une peinture analogue , *Ariane et l'Amour,* que je crois aussi l'œuvre de Susanne Court.

Le n° 167 de la collection de Mᵐᵉ de La Sayette mentionne un médaillon ovale signé S. C. : on y voit peint un sujet mythologique avec couleurs , paillons et rehauts d'or.

J'ai vu au Louvre un certain nombre d'émaux de cette artiste. M. de La Borde lui reproche bien des défauts , tout en lui accordant cependant de la propreté et du soin dans l'exécution de ses émaux , un brillant qui séduit , et leur conserve une vogue persévérante.

Au n° 428 est inscrit un bassin en couleurs , filets dorés et paillons : *Vélurie aux pieds de Coriolan.* Ce guerrier est debout une lance dorée à la main ; la queue de son manteau est portée par un enfant ; quatre hommes armés , dont un assis , sont aux premier rang de nombreux soldats. Véturie , les mains croisées sur la poitrine , est agenouillée devant son fils ; des pains , des vases et des cordages sont à terre auprès d'elle ; Volumnie et deux dames romaines sont aussi à genoux en arrière de Véturie. On lit au bas de la composition , dans un carré long d'émail blanc , ces mots en lettres noires : « Susanne de Court F. » Les couleurs des vêtements sont le bleu d'azur et le bleu pâle, le vert foncé et le vert tendre, le violet, le mordoré et le paillon d'or recouvert d'émail incolore : la vignette qui sert d'encadrement est dorée ; le rebord est décoré de médaillons à sujets, de vases, de termes, chimères et centaures ; le revers , d'un cartouche en grisaille avec figures couleur de chair.

Au n° 429 , bassin, couleurs, or et paillons : *les Vierges sages et les Vierges folles.* Au premier plan , dans une prairie émaillée de fleurs d'or, deux groupes de dix jeunes filles vêtues uniformément ; les cinq Vierges sages sont à gauche, tenant leurs lampes allumées ; quatre sont assises , ayant près d'elles deux vases d'huile ; l'une d'elles a sur ses genoux l'Évangile de saint Mathieu : une autre, un livre ouvert et des cahiers de

musique ; celle qui est assise au centre mesure un globe céleste
avec un compas ; une cinquième est debout. A droite, les Vierges
folles reposent sur le gazon ; deux sont endormies, et leurs
lampes renversées ; leurs vases d'huile sont vides. Un phénix est
perché sur un arbre du côté des Vierges sages ; des paons, du côté
des Vierges folles. Un ange, dont les ailes et les vêtements
brillent de couleurs variées, plane dans les airs, tenant en main
la trompette qui annonce la venue du Seigneur. Les Vierges
sages admises sont portées par des nuages se détachant sur un
fond d'or ; elles entourent Jésus-Christ couronné d'épines, et
couvert du sang qui coule de son côté ; le Sauveur ouvre les
bras en signe de miséricorde ; le Saint-Esprit, en blanche
colombe, repose sur son épaule. En bas, les Vierges folles, aux
portes d'une ville, marchandent de l'huile aux vendeurs de
cette denrée, et plusieurs d'entre elles, ayant rallumé leurs
lampes, se présentent à la salle des noces, qui reste fermée. Ces
vierges sont vêtues d'une manière uniforme, et les couleurs des
étoffes sont les mêmes que dans le sujet de *Véturie*. La signature
de *Susanne Court* y est écrite en lettres noires.

Comme sur le bassin n° 428, le tout est encadré dans une
vignette dorée.

Le plat du musée céramique de Sèvres est une répétition de
la peinture de ce bassin, et porte la même signature.

La collection And. Fountaine conserve une aiguière décorée
de sujets mythologiques dont l'exécution est très-fine ; elle est
signée : « SUSANNE COURT F. », ainsi qu'un coffret orné de sujets
bibliques signé de S. COURT.

Au n° 430, *Triomphe de Flore*, ou *le Printemps*, d'après Virgilius
Solis : aiguière en émaux de couleur rehaussée d'or et de
paillon. Cette aiguière est décorée à l'extérieur de deux compositions superposées, et séparées par une sorte d'anneau orné
d'émail noir sur fond blanc. A la frise supérieure, on reconnaît
Flore, tenant aux mains des fleurs et une couronne, assise
dans un char attelé de deux bœufs. Enfant couronné de verdure.
Le *Printemps*, assis derrière la déesse, joue du violon. Une viole
est appendue au char, et, à l'arrière-plan, on voit un singe
tenant un fruit. La marche du cortége est ouverte par Euterpe
sonnant de la trompette et le dieu Mercure armé de son caducée.
Clio et Melpomène suivent le char : cette dernière muse a un
compas à la main. Mars et Vénus ferment la marche. Sur la frise
inférieure, pasteur portant sous le bras une longue houlette.

femme debout. Au fond, bâtiments d'une ferme d'où sortent un homme chargé d'un vase et d'un fardeau ; une femme et un autre homme portant une corbeille de pain ; un peu plus loin, un homme chargeant un mulet de pains apportés par un enfant ; vases et corbeilles entassés au premier plan. Ces figures, ressemblant à celles du n° 428, font supposer que l'artiste a voulu peindre ici Véturie préparant un approvisionnement de pain pour le camp de Coriolan. Sur le pied de l'aiguière, draperies soutenues par quatre petits termes. Sur son goulot, feuillages verts rehaussés d'or, légères brindilles d'or sur le fond noir. — L'intérieur est blanc ; l'anse, noire, est parsemée de fleurettes dorées, et, sur sa tranche, d'ornements noirs sur fond bleu ; un petit cartouche, près de cette anse, porte la signature SUSANNE DE COURT F. Le contre-émail est noir, semé de fleurs de lis et fleurettes d'or.

N° 431. — Gobelet peint en couleur, sur fond noir, avec paillon et filets d'or : *Abraham renvoyant Ismaël, et Jacob recevant la tunique ensanglantée de Joseph.* Abraham éloigne de lui Ismaël en présence de Sara. Celle-ci a la tête ceinte d'un petit diadème ; elle est suivie de deux femmes, dont une relève la queue de sa robe. Entre Abraham et Sara sont quatre hommes armés de hallebardes ou de lances ; un peu plus loin, deux autres hommes tiennent par la bride deux chameaux chargés de paquets. Le sol est couvert de plantes verdoyantes et de petites fleurs d'or. Au-dessous d'Abraham, les initiales S. C., et, vers le bord supérieur, en lettres d'or, l'inscription *Genèse XXIX,* et celle-ci *Genèse XXXVII* dans l'intérieur du gobelet, au-dessus de la tête de Jacob. Ce patriarche, assis, étend les mains vers un homme qui lui montre la tunique ensanglantée de Joseph ; un spectateur de cette scène donne des signes d'étonnement ; quatre pasteurs avec leurs houlettes sont aussi présents ; le sol est verdoyant.

M. Didier-Petit de Lyon, au n° 149 du catalogue de sa collection, attribue à Susanne un émail ovale de 23 centimètres de haut sur 17 de large, peint en couleurs sur paillon, représentant Judith coupant la tête à Holopherne : belle exécution et conservation malgré une légère restauration.

J'ai déjà parlé dans mes premières brochures du coffret de toilette daté du commencement du xvii° siècle, orné sur ses diverses faces de sujets tirés de l'histoire de Jacob : ce coffret se trouvait alors dans le cabinet de M. Odiot.

Ces descriptions nous ont démontré que Susanne Court signait ses émaux en toutes lettres *Susanne Court* ou *Susanne de Court F.,* ou des initiales S. C.

JEAN DE COURT.

Nous hasardons ici, mais bien timidement, sur le nom de cet émailleur et sur celui de Susanne de Court, une explication dont nous sentons toute la faiblesse, parce que rien ne peut la prouver : ce serait qu'un *Court*, devenu peintre du roi, aurait été anobli par un monarque protecteur des arts, et se serait appelé *de ¡Court*.

Nous n'avons trouvé dans les archives si riches de notre ville aucun acte ni titre concernant cet émailleur. Il ne nous est connu que par les vers du poète limousin Blanchon, qui le distingue des *Courteys*, de *Vigier* (deuxième strophe), et, exaltant sa grande réputation comme peintre, le place au-dessus des autres peintres et émailleurs ses compatriotes.

Le dernier vers de la première strophe, *Veu en la royale court*, ne permet pas de douter qu'il ne fût bien peintre du roi.

Jean de Court signait ses émaux des initiales I. D. C. ; mais aucune date ne les accompagnait : l'ode à Dorat de 1583 nous prouve encore qu'il vivait à cette époque, et était dans tout l'éclat de son talent.

M. J. Labarte a cru que Jean de Court devait être de la famille des Courteys à cause de l'analogie qu'il a remarquée entre ses compositions et celles de Jean Courteys; M. Pottier a partagé cette erreur. M. Labarte reconnaît un mérite distingué à J. de Court, et cite de petites plaques de lui d'un fini achevé. L'examen de ses ouvrages lui fait supposer qu'il florissait vers 1560. On lit un nom semblable, si ce n'est le sien, au catalogue des peintres du roi en l'année 1572. Les deux plaques ovales dont nous venons de parler portent les n⁰ˢ 750 et 751 de la collection de M. Debruges-Dumesnil ; elles sont peintes toutes les deux en émaux de couleur, avec emploi de paillon; le *revers* en est incolore. Sur la première, *la Mort d'Adonis*, Vénus arrivant trop tard pour sauver Adonis de la fureur du sanglier de Calydon. La signature est inscrite dans le haut de ce petit tableau. Sur la seconde, *Vénus* et l'*Amour,* debout, au centre d'élégantes arabesques; autour, des satyres. Peinture enrichie de paillon, d'après un dessin d'Étienne de Laulne.

Un *Ecce Homo,* ajouté pour remplir une lacune du tableau de dix émaux de Nardon Pénicaud, est attribué à Jean de Court.

Dans la collection Callet, un émail en couleurs avec paillon représente *la Conquête de la toison d'or.* Au second plan, personnage à profil anguleux, qui observe l'action de Jason avec d'autres spectateurs. — Revers en grisaille : les initiales I. D. C. sont écrites au-dessous d'un médaillon sur lequel on voit une femme couchée.

On a pu voir dans la collection de Mme de La Sayette, de Poitiers, un plat ovale, émail colorié, paillon, filets d'or : *Moïse élevant le serpent d'airain en vue des Israélites,* qui porte les initiales I. D. C. en lettres d'or. La composition de ce grand plat offre de nombreuses figures ; le coloris en est très-brillant. Le revers est décoré de mascarons en grisaille teintée et d'arabesques d'or : longueur 55 centimètres sur 41 de largeur.

M. de La Borde attribue à J. de Court un coffret qu'il a vu en la possession de M. Meyer, émailleur à Sèvres. L'histoire de Joseph y est peinte en émaux sur le couvercle bombé et les plaques de ce coffret ; les figures s'y détachent sur des fonds rubanés particuliers à ce peintre limousin.

Au Louvre, n° 414 : *Minerve :* écusson ovale sur métal repoussé, couleurs, paillon et filets d'or. — Pallas, debout, et coiffée d'un casque à crinière blanche, tient un étendard bleu et un bouclier sur lequel est figurée la tête de Méduse ; à ses pieds, un hibou placé sur deux livres superposés ; dans le fond, une ville (Athènes ?). — Les cheveux de la déesse sont blonds ; l'étoffe de sa robe est de couleur mordorée ; son manteau, bleu d'azur ; le casque, la cuirasse et la chaussure sont bleu pâle ou aventurine : toutes ces couleurs sont sur paillon ; la tête de Méduse est coloriée en carnation ; un large cartouche, relief repoussé, sert d'encadrement ; il est enrichi d'ornements dorés et d'imitations en paillon du saphir, du rubis, de l'améthyste, de la turquoise et de l'émeraude ; deux grands bustes et deux masques d'un relief plus saillant s'y rattachent. Les figures et les masques qui servent de support au cartouche sont couleur de chair. Dans le bas, un mascaron coiffé de draperies est entouré de fleurs et de fruits. Dans le haut, sur une écharpe retenue par deux agraffes de pierreries, est posée une tête de génie, et sous cette tête on lit , inscrites en lettres d'or, les initiales I. D. C. Des fleurs , des fruits et des brindilles d'or décorent le fond noir sur lequel repose le cartouche.

M. Darcet m'a fait l'honneur de m'écrire pour me signaler deux plaques d'émaux peints d'après des gravures d'Étienne de Laulne. Ces plaques, qui se font pendant, appartenaient à l'ancienne collection de M. L. Fould ; l'une est signée I. C., et l'autre I. D. C. : elles paraissent de la même main. M. Darcet en conclut que Jean Courteys et Jean de Court ne font qu'un.

M. de La Borde, tout en reprochant à cet émailleur des défauts de dessin, tels que visages longs, profils bizarres, le bariolage tricolore de son architecture, l'abus du paillon et des rehauts d'or, reconnaît en lui un soin précieux dans l'exécution de figures gracieuses, quoique maniérées, et des ornements coloriés de tons harmonieux bien que sombres.

N. B. L'archiviste se fera un devoir de montrer à ses confrères de la Société Archéologique les plans curieux, de la main de Jehan Court dit Vigier, et les titres ou documents qui lui ont servi pour ce travail.

MAURICE ARDANT,

Archiviste de la Haute-Vienne.

Membre de la Société Impériale des Antiquaires de France.

Limoges, le 11 avril 1860.

LIMOGES. — IMPRIMERIE DE CHAPOULAUD FRÈRES.